幸福的12堂课

连玉明◎著

当代中国出版社
Contemporary China Publishing House

图书在版编目(CIP)数据

幸福的12堂课/连玉明著. —北京：当代中国出版社，2013. 5

ISBN 978-7-5154-0272-7

Ⅰ. ①幸… Ⅱ. ①连… Ⅲ. ①人生哲学—通俗读物 Ⅳ. ①B821-49

中国版本图书馆 CIP 数据核字(2013)第 110785 号

出 版 人　周五一
责任编辑　李一梅
责任校对　方　宁
装帧设计　胡　凯
出版发行　当代中国出版社
地　　址　北京市地安门西大街旌勇里 8 号
网　　址　http://www.ddzg.net　邮箱：ddzgcbs@sina.com
邮政编码　100009
编 辑 部　(010)66572154　66572264　66572132
市 场 部　(010)66572281 或 66572155/56/57/58/59 转
印　　刷　北京盛源印刷有限公司
开　　本　787×1092 毫米　1/32
印　　张　3.75 印张　32 千字
版　　次　2013 年 8 月第 1 版
印　　次　2013 年 8 月第 1 次印刷
定　　价　30.00 元

谨此献给我的爱人、同事、朋友

以及所有关心、支持、帮助我和激励我的人！

康熙御筆之寶
福

自序

鲁迅先生说，人总是要有一点精神的。这种精神就是人生观、世界观和价值观，本质是人的信仰。用当下最动人、最感人的话说，就是“梦”。

中国梦·幸福梦

幸福是每一个人的梦。

人活着有两个梦，一是有意义，二是有意思。如果做一件事，既有意义又有意思，那么，幸福就来了。

做事先做人，做人先正心。人之幸福，全在于心之幸福。幸福从心开始。把心打开，需要信心、用心和耐心。信心造就梦想，用心汇聚力量，耐心带来坚持。成功贵在坚持，专业源于敬业。不放大，不放松，不放弃，不自满，不傲慢，不张扬，不急功近利，不急于求成，不急躁冒进，不为积习所蔽，不为时尚所惑，不为浮名所累。知行，知足，知止。这是生活的觉醒，也是幸福的觉醒。

幸福梦就是中国梦。

世界上有两种人，一种人在做梦，另一种人在追梦。做梦者梦寐以求，追梦者脚踏实地。梦不是虚无缥缈的遐想，梦需要一步一个脚印走向前方。2013年3月27日，是北京国际城市发展研究院与北京市朝阳区区院共建十周年纪念日。在这个大家庭里，我们共同走过了3650个日日夜夜。感恩这470.6平方公里的土地，感恩这87600个小时，感恩许许多多关心、帮助和支持我的人，欣然写下这段文字，以此激励自己及其同行的人。

是为序。

2013年3月27日

目录

「初秋斗虫别有趣」 马海方

「冬天遛鸟别有乐」 马海方

「找乐图」 马海方

论幸福

一

幸福是每一个人的梦。

人活着有两个梦：一是有意义，二是有意思。如果做一件事，既有意义又有意思，那么，幸福就来了。

比索鸟和华庭鸟都喜欢吃绿毛虫。每到秋天，它们便会吃下大量绿毛虫以贮存能量。比索鸟为寻找更多的绿毛虫，开始远飞找食之旅。它们勤快地找食，但吃掉的虫子很快消化。到了冬天，大量比索鸟因贮存能量不足而死。而华庭鸟则在原地靠数量极少的绿毛虫为食，竟然干起了植树的活儿。华庭鸟折断绿蔓树枝插在地上，用不了多久，这种绿蔓树便生根发芽，抽出嫩叶。不久后，绿毛虫便爬满枝叶，而华庭鸟便开始新一轮美餐。两种鸟的结局，两种幸福观。如果漫无边际地寻找幸福，往往却得不到幸福；

如果在脚下种植幸福，那么，幸福就来了。

一个人想获得真幸福，就要少索取，多给予。世界上没有什么比给予更有意义、也更有意思的事了。阳光、空气、时间、空间都是免费为我们提供的。有人收取土地出让金，但是大地本身没有收取；有人收取水费，但是水本身没有收取。为此，天才长，地才久。如果有天地精神，那么，幸福就来了。

二

幸福是实实在在的生活。

每一个人的生活都离不开衣食住行、生老病死、安居乐业。这十二个字，就是生活的本质。如果对这十二个字作引申意义上的解读，那么，对幸福的理解就另有一番滋味了。

衣指收入状况。丰衣足食靠劳动、靠创造。收入的高低源于劳动的贡献和创造的价值；食指消费结构。恩格尔系数成为衡量消费水平的重要标志；住指住房条件。有房住、买得起，不仅取决于房价的高低，更重要的取决于房价收入比；行指交通便利。交通是人和物低成本、快速、自由流动。便利的生活不在于是否有车、是否买得起、养得起车，而在于出行是否需要车，是否快速、自由和低成本。

生指教育程度。一个人的成长、成才、成功跟他受教育程度是成正相关的。教育不仅仅是获取知识，更重要的是懂常识、长见识；老指社会保障。社会保障不仅让老年人、失业者和弱势群体受益，而是惠及社会各阶层，包括我们自己；病指生命健康。看病难、看病贵绝无幸福可言。健康是生活的全部。对于渴望健康的病人来说，看得起、看得快、看得好才是最重要的；死指人均寿命。人的发展、生活的意义、生命的价值，归根到底取决于寿命的延长。

安指公共安全。任何时间、任何地点、任何条件下，生命是不受伤害的，并且尽最大努力减少或避免非正常死亡；居指人居环境。天是蓝的，地是绿的，水是清的，人是笑的，每一天都是快乐的；乐指文化休闲。人的进步是全面而自由的，除了物质，可以轻松享受精神之美，艺术之美，人文之美；业指发展机会。从就业到创业，从职业到事业，从企业到产业，一步一步选择机会就是选择人生。

这种选择就是最现实的生活。

生活是简单的、朴素的、真实的。生活是一种状态，更是一种心态。人之幸福，全在于心之幸福。生活是过的，不是比的，幸福也是如此。因为，比较是相对的，相对是永远没有尽头的。有人说，幸福与财富无关，却与邻居的财富有关。把幸福建立在比较之上的人，永远没有幸福可言。即使偶尔产生幸福的感觉，也必然昙花一现。因为总是会有人比他们更加年轻貌美或者英俊潇洒，收入更高、权力更大、财富更多、地位身份更尊贵。如果我们的生活必须通过比较才能获得幸福，那么，这种生活必然是更加痛苦、更加可悲的结局。

知行、知足、知止。这是生活的觉醒，也是幸福的觉醒。

如果懂生活，幸福一辈子。

三

幸福从心开始。

心想事成，兑现心中的承诺，这就是悦。悦就是快乐，快乐就是开心，开心就是幸福。钱钟书说，快乐的“快”字决定“乐”的本质——乐是很快会过去的。但只要把心打开，乐也会很快回来的。

把心打开，需要信心。信心就是相信自我，发现自我，改造自我，超越自我。人生充满了不确定性和戏剧性，但每个人心中的“自我”却是确定的。每个人的“自我”是各不相同的，除了看得见的相貌、身材、出身、财富之外，还有看不见摸不着的信心的差别。对人生而言，没有什么比发现、培养、改造、超越“自我”的信心更重要的事情了。能够登上金字塔顶端的只有两种动物，一种是雄鹰，一种是蜗牛。雄鹰飞到顶端只要一瞬间，而蜗牛也许需要一辈子。我们大多数人也许不是雄鹰，但是我们每一个人都可以拥有蜗牛的信心。我们可以不断地攀登自己生命的高峰，终有一天，可以在无限风光的险峰俯视和欣赏这个美丽的世界。人人都能成功，关键看是否相信自己。信心造就理想。失去信心，即使忙碌的日子也只能堆积起一堆琐碎。而建立信心，却能够把很多琐碎的日子堆砌成伟大的人生。

把心打开，需要用心。世界上存在两种力量，一种是政治的力量，一种是心灵的力量。心灵的力量潜藏在每个人的心中。用心就是心灵释放的力量，用心汇聚能量。把放大镜放在阳光下面，找到焦点，光线汇集一点射在纸上，纸就会着火。砍树也是一样，把斧头的力量反复用在一点上，再粗壮的树也能被砍倒。一个只有初中学历的足疗师说，足疗师分为初级、中级和高级三个层次。初级足疗师用手工作，按照规定的时间、程序、要求，一点都不会少；中级足疗师用脑工作，他会思考，他会根据他的思考“对症下药”；高级足疗师用心工作，他用心感觉，用心发现，用心体验，用心交流，用心把每一个细节做到满意。艺术家乔羽说，用自己的眼睛去发现，用自己的身心去感觉，用自己的语言去表达，这就是用心。

把心打开，需要耐心。耐心是甘于把时间投入简单、枯燥但是最终会意义非凡的重复当中去。耐心带来勇气，勇气带来毅力，毅力带来坚持。耐心要靠自己咬紧牙关一步一步在坚持中磨炼。有一个人信佛，每天都很虔诚地拜观音菩萨。有一天，观音终于显灵了，这个人就问观音说，观音菩萨，你拜佛吗？观音答道，我也拜佛。这个人又问，你拜的是哪一位菩萨？观音答：观音菩萨。这个人不解地问道：你不就是观音菩萨吗？观音答：是啊，求人不如求己啊！

幸福没有救世主，幸福必须靠自己。

「旧京天桥八大怪·穷不怕」 马海方

论成功

一

你付出多大代价，你就会有多大收获。

人世间最珍贵的东西是时间和生命。对人的一生而言，不论美丽还是丑陋，也不论富有还是贫穷，在时间和生命面前一律平等。想收获，就必须付出代价。谁付出得多，谁就收获大；谁付出得少，谁就收获小；不付出，毫无收获可言。任何收获都是付出换来的，都是用代价累积起来的。这种付出和代价就是时间和生命。每个成功者的背后，要么是时间，要么是生命，更多的是时间加生命。

世界上最可怕的有两种人。一种是无产者，一种是无私者。前者以追逐利益为动力，后者则以超越利益为己任。袁世凯曾问属下，孙中山究竟是一个什么样的人？属下回答，他是一个无私的人。袁世凯笑了，但却没有笑到最后。正常人都是有私心的，高尚的人却能够控制它。真正的成功者，从来不为个人利益算计，也不会为短期利益斤斤计较。他贪图的不是小利益、短期利益，而是追求大利益、长远利益。他的付出不是为某个人或某个团体，而是超越个人或团体之上的公众、民族和国家的利益、前途和命运。

每个成功者的命运都是一样的。从来没有免费的午餐，天上不会掉“馅饼”。“馅饼”是烙出来的。下面用火烤，上面用油煎，这就是成功者的生活。

二

慢是真功夫，熬是硬实力。

人生是马拉松，胜者不一定是跑得最快的。一要学会静。心静如水，宁静致远；二要学会慢。不急于求成，不急躁冒进，不急功近利，急中生智，慢中生慧；三要学会轻。说话轻声，办事轻松。没有底气靠嗓门，心平气和才是工夫；四要学会容。容是一种尊重。包容，宽容，从容。包容是美德，宽容是风度，从容是品味。尊重别人就是尊重自己；

五要学会忍。忍是一种胸怀，也是一种智慧。忍是心口上面一把刀，小不忍则乱大谋；六要学会熬。熬是一种辛苦。多年的媳妇熬成婆，苦尽才能甘来；熬是一种成熟。熬啊熬，才熬成了“阿香婆”。熬是一种境界。想成功，就得耐得住寂寞，熬得起时间，忍得住委屈，经得起考验。

伟大是熬出来的。

三

不放大，不放松，不放弃。

五十岁是人生的重要分水岭。五十岁前的人生道路应该越走越宽，五十岁后的人生道路应该越走越窄；五十岁前应当创造机会，五十岁后应当等待机会；五十岁前更多的应当是理想，五十岁后更多的应当是责任；五十岁前应当以比尔·盖茨、乔布斯、李嘉诚为榜样，五十岁后应当以邻家小店、邻居大妈为坐标；五十岁前应当结识新朋友，五十岁后应当珍惜老朋友。当然，这一切并不是绝对的。

生活的本质是“生下来，活下去”。每个人都希望生活是轰轰烈烈的，每个人都在追求大理想、大目标、大舞台、大事业、大成就，每个人都很怕小。等到长大了，才真正懂得大是从小来的，小中见大。我们喜欢参天大树，大树底下好乘凉，但树大也招风；我们不愿做无名小草，但小草是生命力最顽强的。野火烧不尽，春风吹又生。

做事易做人难，做大易做小难。有些成功靠运气，而持续的成功却与运气无关。马云说，今天很残酷，明天很残酷，后天很美好。倒下去的不在今天，而在明天。不放大，就是不放大理想，不放大目标，不放大能力；不放松，就是不放松信念，不放松勇气，不放松毅力；不放弃，就是不放弃耐心，不放弃坚持，不放弃挑战。

小的才是美的。

四

实干就是水平，落实就是能力。

人可以分为两种：一种是有本事的人，另一种是没本事的人。人往往看到的是有本事人的优势和没本事人的劣势。事实上，没本事的人也有很多优势，至少有三大优势：

一是没本事的人珍惜机会。一旦有机会，他们绝不拒绝，更不会挑三拣四，或挑肥拣瘦，而是实干。其实，机会是从实干中来的，实干又为他们赢得了更多的机会；二是没本事的人依赖性强。由于没本事的人，或智力、或能力、或精力的局限性，他们依赖与人合作。这种依赖带来团结，带来团队精神，带来凝聚力；三是没本事的人不张扬、不炫耀、不炒作。因为没本事，只能埋头苦干、低头实干。事情正是低头埋头苦干实干出来的。

对于没本事的人而言，实干就是最高水平，落实就是最大能力。做不成大事做小事，做不成小事做实事，做不成实事做好事，做不成好事做好人。这个好人就是干有本事人不愿干的事，就是不怕麻烦，不怕疲劳，不怕吃苦，不怕困难。在不怕中求生存，在不怕中找出路。

有本事的人像一把刀，锋利无比，寒光闪闪，该出手时就出手；没本事的人像一颗钉子，靠挤劲、钻劲、韧劲把自己钉在木头里，即使烂掉也永不出头。成功者需要刀子精神，更需要钉子精神。

五

学习能力决定人生态度。

如果说，成功只有一条秘密，那就是老人家的教诲，学习学习再学习。学习提升价值，学习使人进步。所有的成功背后都有数不尽的磨难，也往往充斥着不可告人的细节。但成功者必然有其共同的规律，这些共同点起码包括三个因素：一是远见与主见。站得高，看得远，拿得准，稳得住。眼光、胸怀、境界、感情成为一个成功者必须具备的先决条件；二是团队与团结。做事靠的是格局。这个格局不是一个人，而是一个团队。这个团队的力量源于团结。一个事业的成功注定是团队的成功，团队的成功注定是团结的成功；三是坚持与支持。字典里说，成功就是达到预期目标。这种预期需要日积月累、滴水穿石。失败只有一种，就是半途而废。没有耐心，没有勇气，没有毅力，没有坚持，绝不会走向成功。当然，仅有坚持是不够的，还必须有支持，一种外部的推动力量。有时候，外因也会成为决定事物性质的关键因素。

人是需要有“两下子”的。“一下子”就是把握“当下”，另“一下子”就是学会“放下”。李嘉诚说，成就自我，忘掉自我。这是成功者的最高境界，也是人生的最高境界。

「夏趣图」 马海方

论修养

一

信仰是人生的第一修养。

人是分层的。生活是分层的。信仰也是分层的。一层是俗家的生活。生活本身就是信仰。这种信仰就是好好活；另一层是出家的生活，这种信仰就是宗教。

我们是凡人，过的是俗家的生活。俗家的生活可以分作三层，一是物质生活，二是精神生活，三是自然生活。物质生活就是衣食住行，生老病死，安居乐业；精神生活就是学术和文艺；自然生活就是人在自然中享受和谐。这种和谐需要丰裕的物质、优雅的环境、闲暇的时间和愉悦的心情。人生的最高境界就在于三分之一享受物质，三分之一享受精神，三分之一享受自然，这就是品位。品位是一种信仰。

出家则不尽相同。出家的生活也可以分作三层：一是出世与出家，二是入世与出家，三是厌世与出家。第一种人为出家而生，为宗教而活，宗教是生命的全部。第二种人卓然走过红尘，领略物质之欲与精神之美，最终却迈上灵性阶梯步入灵魂的殿堂。这种宗教情怀，这种严苛修行，这种庄严超越正是人生的最美风景。当然，还有一种人，不是为“舍弃”，也不是为“追寻”，而是为逃避，因厌世而“遁入空门”。这种人即使天天吃斋，日日念佛，也谈不上什么信仰。真正的宗教生活并不满足于“物质欲”和“精神欲”，而是抛开世俗的锦衣玉食，荣华富贵，孝子贤孙，甚至连自己的身体都认为是虚幻的存在。他们修净土，研戒律，追究灵魂的来源，宇宙的根本，以此满足他们的“人生欲”。这才是宗教信仰的真谛。

真正的信仰是信自己。信仰永远在自己心中。

二

做人要厚道，做事要勤奋。这是人生的两门必修课。

人活着是要做事的。做事先做人。做人要做有用的人、可用的人、好用的人和管用的人。有用就是素质高、专业好、能力强、有本事；可用就是人厚道、懂规矩、信得过、靠得住；好用就是招之即来，挥之即去，不摆架子，不讲条件；管用就是出主意、想办法恰如其分，不偏不倚，能出成果，卓有成效。不仅如此，我们还必须夹着尾巴做人。夹尾巴不能等到尾巴翘起来了再去夹，而是在尾巴还没有翘起来时，就天天夹，时时夹，小心翼翼地夹，持之以恒地夹。如果等尾巴翘起来了，想夹也夹不住了。我们正在经历一个人才辈出的时代。有用的人、管用的人多得不得了，有用加管用的人也很多，而可用加好用的人则不太多，这四个用加在一起，并且还能夹着尾巴的人就更少了。更少了就说明稀缺，稀缺就是机会。

对一个人来说，或许机会只有一次。把握好一次机会，或许就把握住了一生。而失去了一次机会，或许就失去了终生。我们必须成为抓住一根“稻草”就能把它当成“金条”用的人。把“稻草”当成“金条”，就是用自己100%的努力赢得别人300%的满意。而满意的背后可能就是一次新的机会。人是要有智慧的。“智”和“慧”都是聪明的意思。“智”是先天的聪明，“慧”是后天的聪明。智慧分小智小慧和大智大慧。小智小慧是先天的聪明，是小聪明；而大智大慧是后天的聪明，是先天的聪明和后天的聪明的融合，是大觉悟。郑板桥有句名言“难得糊涂”，一般意义上理解是做人做事不要过于认真、过分计较。太原有一个晋祠。晋祠有一个“难老泉”。“难老泉”就是不老的泉水，永远川流不息。这里的“难”当“不”字讲。郑板桥的“难得糊涂”，实则“不”得糊涂。“不得糊涂”才是真正的聪明。

三

好好工作，天天快乐，是人生的大智慧。

幸福的人生起码有五个条件：一是有一个健康的身体；二是有一个喜欢的工作；三是有一个体面的身份；四是有一个快乐的家庭；五是有一个平常人的生活方式。有点钱，有点权，有点爱好，有点闲。平常心，平凡人，平安一生。

我们都是平凡的人、普普通通的人，我们只能做平凡的事、普普通通的事。一个人一辈子都希望干大事，却不乐意去干小事；都希望干很多事，却很难做到事事都干成干好；都希望干些惊天动地的事，却很少愿意默默无闻。

一个人一辈子干一件事并不难，难的是一辈子只干一件事，而且把一件事用简单的方法干到最好。

选择一份好的工作就是选择一种好的生活方式。好好工作的第一个“好”字是“喜欢”的意思，第二个“好”字是“努力”的意思。兴趣是好好工作最好的老师，它会教给你如何努力。工作得好不好，首要在兴趣。兴趣产生激情，激情产生热爱，热爱产生忠诚，忠诚产生责任，责任产生敬业。主动工作是快乐的，被动工作是痛苦的。工作是为了让生活更快乐。天天快乐的生活才是充实的、有意义的、身心愉悦和健康的。一位叫司堃范的老人说过，一个人在高兴的时候、微笑的时候、快乐的时候，身体内会自动分泌出一种激素，这种激素可以杀死身体内部各种病毒细胞，使身体自行回归到健康状态。这是我人生中听到的最伟大的、终身受益也终生难忘的话，这段话让我领悟到健康的本质、生活的乐趣和生命的真谛。我们要生命，就要健康。要健康，就要我们的身体分泌出快乐的激素。快乐的激素只有在快乐的生活中才能分泌。天天快乐，就会天天分泌快乐的激素，天天杀死病毒细胞，天天保持身心健康，生活才能天天快乐。

让我们在天天快乐中好好工作吧！

「童趣图」 马海方

论精神

一

人是灵魂与血肉之躯。那使灵魂飘逸于尘世之上而又感觉到它沉甸甸重量的便是精神。

精神赋予灵魂的是超越和质感，它高悬于人的头颅之上，使躯体摆脱了琐碎和庸常。因此使愚笨的人变得聪明，聪明的人变得有智慧，有智慧的人变得有觉悟。有了觉悟，便免致堕入懒惰和无知的陷阱中，便可以向每一次挑战作出适当的回响。

对一个人的考验，就是精神的考验，以及由精神的烛照而透射出的勇气。精神是独立而自由的，它贯穿人的一切，是生命最典型的标志和象征。人高扬精神的旗帜，承受“苦其心志，劳其筋骨”的折磨，正是精神所显示出的真正价值。

人是有惰性的。一旦沉溺于温柔之乡，就会削弱重新投入风暴的勇气和力量。前进固然艰难，且代价沉重；而退回舒适，却如吞咽人生一剂致命的毒药。如果不能投入严峻的劳动和创造中，即使享用了种种丰裕的物质财富，也无法感受到精神的崇高和创造的悲壮。一旦有了目标，精神便会集中，士气便会提高，希望带来努力，努力又带来忍耐，忍耐又带来毅力，如此这般，便可以走近财富、成功和幸福的殿堂。

精神最容易使人走入苦痛。但在人一次次走向苦痛的征途中，精神也一步步地得到提纯和升华，成为永恒。

二

想创造财富、成功和幸福，就得有信心、有胆识、有毅力，而这些是常人做不到的。

普通人的精力，跟那些事业上的成功者相比，只不过是涓涓滴滴而已。一个成功者，他们的工作量极大，他们的头脑，像江河般川流不息。他们跃进一个极危险的环境时，毫无畏惧，甚至孤立的时候也不示弱，而是充满信心、勇气和力量。他们从不为微小的收获沾沾自喜，而渴望重新投入一种创造。他们从不把人生之船停泊在某个温暖的港湾，而是扬帆驶向惊涛骇浪中。他们所做的，是一般人所不敢做的。他们所付出的冒险和代价，也是一般人所不能的。有时，他们简直不像是人，如果有跟他们竞争的念头，单是上述特质，我们就觉得难以匹敌。

然而，他们毕竟是人而不是机器。他们有自尊，他们能在日常细微的生活中发现让人心灵震颤的巨大内容，他们有“欣赏自己”、“相信自己”、“真理在我心中”的信念，这种信念并不是唯我独尊，而是在个人、他人、社会的坐标系中不断地发现自我，并勇于、敢于和善于改造自我的过程。这个过程使他们变得有觉悟，有高度的社会责任感、民族自豪感和事业成就感。他们在发展自己的同时，持续地将个人和社会的幸福，赐予所有的人。

渺小的人常常关注着成绩和荣耀，伟大的人常常沉浸于劳动和创造。创造本身就是人生的目标。人，不仅要战胜失败，而且还要超越成功。

三

人活着没有目标是可怕的。那些从人生中收获最多的人，都有一个明确的目标。这种目标不是一个愿望，而是一种强烈的欲望，并且对实现这种欲望的坚定性已到了执著或固执的程度。有目标必然有挑战。目标越大，挑战越大，收获亦越大。目标远大的人总是将自己的每一个愿望摆好位置，然后逐一去实现。贪得无厌的人常常把这种秩序打乱，以致因小失大。黑格尔说过："一个善于限制自己的人，才有指望成功。"

失败对智者是一块垫脚石，对强者是一笔财富，对弱者是一个万丈深渊。大危难孕育着大作为，大挫折磨砺着大机智，大困境蕴含着大机遇。乐观的人，在每一次忧患中，都能看到一个机会；悲观的人，在每一个机会中，都看到某种忧患。弱者等待机会，强者把握机会，智者创造机会。

人生总要有许多支撑，少年的理想，青春的恋情，事业和金钱，许许多多，然而这一切随时都有失去的可能。人生中总有几段黑暗的隧洞要我们独自穿行。这些路上没有乐队和鲜花，人必须学会为自己伴奏，高歌向前。一个人绝对不可在危难时背过身去试图逃避。与其诅咒黑暗，不如点燃蜡烛。

每一个人都是自己命运的缔造者。若能在美丽中欣赏美丽，在痛苦中觉醒痛苦，在烦恼中关照烦恼，在悲哀中超越悲哀，在每一个生命的历程、生活的片断中都保持坚韧的毅力、豁达的气度、宽广的胸襟，那么，他就会排除彷徨、苦闷和不安，在困境中坦然微笑，从危难中积聚力量，立刻找到一个新的起点。真正的制高点在生命的奋争中。

我们要征服的不是高山，而是我们自己。

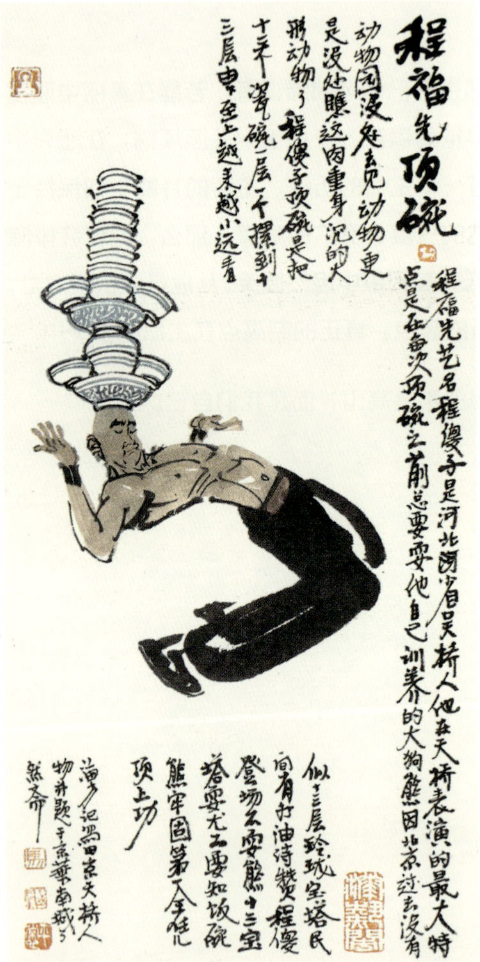

「旧京天桥八大怪・程福生顶碗」马海方

论人生

一

人的生命是有限的，人的欲望却是无限的。

对一个人来说，能够知道干什么、不干什么以及怎么干是一件很不容易的事。俗话说，三十而立。事实并非如此。因为，人到三十，也许才知道什么事情不该做，该做什么还不知道；经过十年磨炼，人到四十，也许才知道什么事情该做，怎么做还不知道；再过十年，人到五十，也许才能真正悟到什么事情该做、什么事情不该做以及怎么做的道理。这就是古人说的“五十而知天命”吧！

一个人一生中应该干的事情很多，而能够干的事情却很少，干成功的事情则更少。中国的许多农民一生中要干三件事，一是给儿子娶媳妇；二是给自己盖房子；三是给老人送终。这就是一个普通农民的一生。人生就是找路，找到了路就有了出路。人生是一条永无止境的路。人生的目标不是应该干什么，而是能够干什么。怎么做比做什么更重要。人的欲望是无止境的，所以人必须节制自己的欲望。如果欲望不受限制，就会变成贪婪，甚至走向毁灭。

一个人的自知之明是最重要的。人不仅要学会追求，还要学会放弃。

二

人生之路是漫长的，又是短促的。人生总要经历许许多多的跨越。每个跨越既充满着希望，也潜伏着危机。困难和挫折往往是分水岭。在这个瞬息万变的信息社会，唯有惶者才能生存。

这是一个无形重于有形的时代。传统的思维模式将被完全颠覆，无形的价值胜于有形的价值。过去是正确地做事，现在更重要的是做正确的事；过去把创新认为是冒险，现在认为不创新才是风险；过去是资本雇佣劳动，现在是知识雇佣资本；过去要求对人负责，现在要求对事负责；过去是取人之长、补己之短，现在是容人之短、聚人所长；

过去是你输我赢，现在是双赢、多赢和共赢；过去是性格决定命运，现在是知识改变命运。

生活就是迷宫。诱惑和浮躁使人的欲望更加膨胀，流动与选择正改变着人的生活空间。每一个人都在困惑中追寻着自己的希望，每个人都经历着时代裂变的洗礼。变，成为这个时代唯一不变的主题，并正改变着世间的游戏规则。在这场裂变中，机遇与挑战同时扑面而来，希望和困惑总是并肩而至。变增加了我们生活的不确定性和不稳定性。我们甚至常常处于突发事件的困惑和恐惧之中。我们难以选择。我们无所适从。就像在沙漠中迷了路，是去找水有希望，还是留在原地等人来救更安全呢？

挑战应变贯穿我们生活的始终。人既要有“以变制变”的机智，更要有“以不变应万变”的沉着。要么改变自己的坐标系，要么改变别人的坐标系。别无他择。

三

人是在环境中成长的，更是在机遇中发展的。

环境是一个市场。人像一颗小白菜。如果放在自由市场出售，可能一块钱十斤；如果把小白菜放超市出售，很可能变成一块钱一斤。同样的小白菜，为什么自由市场的价格低，而超市的价格高呢？小白菜没有变，变化的是购买小白菜的环境以及由环境所决定的购买者的购买力。因此，人的价值高低很重要的取决于自身生存环境的好坏。比如，同样一个洗碗工，在小县城洗碗，每月挣一、两百块钱（人民币），而到了美国每月却能挣到一、两千块钱（美元），为什么呢？不是洗碗工变了，而是洗碗的环境变了，洗碗的卖方市场购买力变得高了。人要学会不断地改变自己的生存环境，把自己置于购买力强的环境中去，在环境的优化中提升自己的价值。

机遇是一种挑战。人像一粒玉米，放在爆米花的机器里，下边用火烤。能不能爆出一个大的爆米花，关键是火候，是一个机遇问题。任何情况下，不是机遇大于挑战，而是挑战先于机遇。挑战是现实的，机遇是潜在的，挑战是硬性的，机遇是弹性的。经不住挑战的人，是根本没有机遇可言的。

机遇是用火烤出来的，是需要胆识、勇气和毅力的。在没有机遇的时候找到机遇，一定要超越自己眼界、眼光和眼力的局限，一定要突破自己的生理极限。而这些都来自于执著、坚强和忍耐，来自于咬紧牙关和被火“烤”的毅力。每个人都希望自己的生命中能爆出一朵精彩的“爆米花”，却很难忍受被火烤的痛苦和折磨。刚被火烤一阵子，就忍不住了，终究等不到“爆”的那一瞬间。只有少数人，敢于忍受被火反复烤的痛苦，在被“爆”开的那一刻，终于成为最大、最精彩的“爆米花”。

人生的道路并不平坦。紧迫感和危机感时刻伴随着我们。我们经历着春天的温馨，夏天的壮丽，秋天的成熟，冬天的冷酷。我们要有结伴而行的激情，也要有独自高歌向前的豪迈；要有正视困惑的勇气，又要有搜寻出路的毅力；要有自豪感，更要有危机感。我们的春天来了，我们的冬天也一定会来的。繁荣的创造是轰轰烈烈的，而危机的到来却是不知不觉的。

我们没有家。我们永远在路上。

「旧京天桥八大怪·跤手沈友三」 马海方

论学习

一

人与人是有差异的。这种差异的本质是社会地位的不同。

“地”是指土地、位置，引申指领域或区域；“位”由一个“人”字和一个“立”字构成，意思是一个人站的位置。顾名思义，地位是指一个人在他的领域或区域中能不能站得住脚。换言之，地位是人在社会关系中所处的位置。它源自人的价值，人的价值决定人的地位。价值越大，地位越高。价值越少，地位越低。

影响人的价值的因素是多层次、多样性和多元化的。有主要因素，也有次要因素。有直接因素，也有间接因素。但是，决定价值最大化的根本性因素至少有四个：一是知识，二是能力，三是人缘，四是敬业。之所以说是根本性因素，是因为这些因素对人的价值有决定性的贡献率。换言之，假设人的价值结构为 100%，那么知识占 10%，能力占 20%，人缘占 30%，敬业占 40%。而现实并非如此。人的价值结构往往是倒挂的。人们重视知识，渴望能力，却忽视人缘和敬业，这恰恰是人的价值不能充分体现的根源。

一个人要与别人不一样，要比别人强，就必须有地位。有地位就必须有价值。有价值就必须有知识、能力、人缘和敬业。而这些又必须通过学习来获得。因此，价值决定地位，学习提升价值。人为什么必须学习，这个道理不言而喻了。

二

学习是知识交换的过程。

知识是一个复杂的、开放的信息体系。简单地讲，知识是有用的信息。这种有用就是体现在它能够转化或创造价值。我们正在从一个知识分子时代进入一个知识社会，知识对人的影响是首要的。

但是，我们对知识的理解和认识还不能过分简单。就知识体系而言，起码分为四个层次：

第一层次是知识总量，指一个人占有知识的存量。存量越大，知识面越广，创造价值的可能性越大。一个人从幼儿园到博士后，从学历教育到终身学习的过程就是一个积累总量的过程。

第二层次是知识质量，指一个人占有知识的品质。品质是知识的核心。品质越高，价值越大。一个人可以没有高学历，但不能没有高品质。有知识不一定是知识分子，真正的知识分子是具有知识质量的人。

第三层次是知识流量，指一个人根据知识需求迅速吸纳知识并转化和输出知识的过程。知识流量是知识社会的主体，是决定价值的本质要素。

第四层次是知识增量，指一个人把存量直接转化为价值的机制。在知识增量中，转化是最重要的。转化本身就是价值。我们缺乏的不是知识，而是转化。

尽管知识是海量的、系统的、分层的，但人对知识的占有和应用却是有限的、琐碎的、混浊的。正是如此，才导致信息不对称和信息共享不充分，导致知识不能发挥其应有的价值。人只有通过知识的交换，才能分享知识分工及其专业化所带来的好处，这也是知识更新和知识共享的捷径。

三

学习力是知识转化的能力。

能力是知识对工作岗位的依存度，或者说是一个人已有知识与他所从事工作的关联度。这种关联度或依存度越高，能力所发挥的作用就越大。反之亦然。举个例子，假如一个具有医学博士学位的外科医生，如果他的工作岗位是在医院做外科手术，那么他的工作能力可能很强；如果他的工作岗位是在饭店当厨师，那么他的工作能力则可能很弱。

人的能力是局限的。有能力不一定就是人才。一个人的价值不在于他学的是什么，而在于他能不能学以致用。十全十美的人是从来没有的。美国著名管理学家杜拉克在谈论人才时说，“所谓样样都是，必然一无是处。才干越高的人，其缺点也往往突出”。正如一首杂兴诗写的：“骏马能历险，犁田不如牛；坚车能载金，渡河不如舟；舍长以避短，智高难为谋；生材贵适用，慎勿多苛求”。能力是一种资源。当这种资源不能转化为资本时，就必然变为成本。学习力的本质就是把一个人的知识转化为能力，再把能力生成为人力资本。这种资本就是人才。

人才是需要能力支撑的。这种能力必须以德为先。有德有才者重用，有德无才者可用，有才无德者慎用，无德无才者不用。这是具有普遍意义的人才观。

四

人缘是最核心的价值。

人缘是人与人的融洽度和协作度。缘是一种缘分，用佛学的话，是因果报应。一个人在社会上，为人处世是最难的。难就难在因果报应上。好的报应，必须有好的因果。好的因果必须做个好人。“做事要做善事，做人要做好人”，正是这个道理。星云大师说，为人处世起码有十条标准：坚定而不固执，忍让而不软弱，谨慎而不胆小，勇敢而不鲁莽，沉着而不呆板，自谦而不自卑，活泼而不轻浮，机警而不多疑，自强而不自骄，豪放而不粗鲁。

有一门学科叫地缘政治学，讲的是地缘关系中的政治价值。而人缘价值理论认为人缘即价值。学习型组织理论认为，人缘等于品质加上团队精神。质的繁体字“質”，由两个“斤”和一个“贝”构成，意思是两斤宝贝，泛指好的东西。品由三个“口”字构成，意思是很多人说话，泛指大家公认。顾名思义，品质就是大家公认的好人。

好人不一定就有人缘。因为，人缘还必须具有团队精神。“团”字由一个“口”和一个“才”构成，“队”字由一个“耳”和一个“人”构成。意思是说，团队是一个有思想、有口才的人与一群听懂会干的人在交流、沟通和对话的互动中达成共识。团队是一个扁平化组织，它由两部分人构成，一部分是召集人，学习型组织理论叫“首席”；另一部分是队员。一个人的人缘除了大家公认的好人外，还必须融入这个团队中，成为首席或队员。

人缘是在团队中形成并发挥价值效应的。这种效应主要体现在对知识管理的模式上：一是通过团队建设来建立和扩展合作秩序；二是通过提升组织学习力来扩展资源整合半径；三是通过制定或改变游戏规则来保持并获取竞争优势的来源和稳定性。这就是学习型组织的魅力所在。

五

敬业是一种德。这种德是对职业的忠诚、责任和执行力。敬业关键在忠诚，核心在责任，根本在实干。换言之，敬业就是少说多做，听懂会干，用心尽力，大公无私。敬业的人从不夸夸其谈。他们常常用“管住嘴，迈开腿”作为行动指南。“管住嘴”就是少说话，不说话，少争论，不争论；“迈开腿”就是多调查，多研究，多干事，干实事。一个人的成功莫过于“五个贯通”，即贯通文理、贯通中西、贯通古今、贯通天人、贯通知行。这五个贯通都重要，但最重要的是贯通知行，知行合一，说到做到。尤其要做到不动摇、不懈怠、不自满、不骄傲、不铺张、不浪费、不浮躁、不急躁、不张扬、不炒作。这些都是人人明白的道理，但真正做得到而且持续做下去却不是一件容易的事。功是练出来的，练是需要吃苦的。

敬业需要奉献。奉献的本质就是“大公无私”。办好一件事并不难，难的是能不能做到“用心尽力”，能不能做到“没有私心”，能不能做到“以公为大”。“公”就是大家，“公”就是大局，“公”永远是第一位的。当一个人的私心、私欲、私利与公心、公益、公利博弈的时候，当一个人开始存私心、干私活、谋私利的时候，当一个人出勤不出工，出工不出力，出力不出效的时候，这个人离失败就不太遥远了。一个人的私欲膨胀之时就是他的人生灭亡之日。

敬业重在实干，贵在低调。专业源于敬业。这种专业也包含“专一”，即专心做好一件事。或者说，更小、更薄、更低是我们的目标。我们要学会做很少的事、做正确的事、做简单的事。一根针虽小，但它的穿透力却很强大；一把刀很薄，但却锋利无比；唱低音虽不比高音洪亮、中音浑厚，但它却更需要底气。一粒种子，本来是生的。生的才能发芽、生根、开花、结果。如果把它用锅放在火上炒，再添油加醋，炒熟了，结果被人吃掉了。低调是最好的、最宽松的成长环境。

更重要的是，人必须节制欲望，拒绝诱惑。欲望是魔鬼，诱惑更可怕。“诱”是“言”和“秀”组成的，“惑”是由“或”和“心”组成的，意思就是别人说很多好听的话使你心神不定。殊不知，鲜花的背后往往是陷阱。我们常常被世俗和陈腐所蒙蔽，常常被流行和时尚所诱惑，常常被虚荣和浮名所缠绕。这是最要不得的。“不为积习所蔽，不为时尚所惑，不为浮名所累”，乔羽先生的座右铭也应当成为我们的座右铭。

「旧京天桥八大怪·曹麻子数来宝」 马海方

论读书

一

人只有一个人生。为什么要读书?

读书是一种生活。读书犹如恋爱结婚、生儿育女、就职养家等，是人生中的大事，也可能成为人生中内在精神不断成长的源泉。书一旦成为人生活中的一部分，就会长驻心中，发挥其强大作用。读书令人愉悦，读书使人丰富。读书可以开启人的智慧，读书可以提升人的境界。书是真理的海洋，书是知识的宝库。人之所以读书，之所以鼓励读书，其道理，原本是很简单的。

文化是博大的、丰富的，个人是渺小的、肤浅的。个人的智慧，充其量，也只是一点一滴，更多的是偏见、无知。因此，人不可妄自尊大。在短暂匆忙的人生旅途，人要使自己境界高一点，聪明一点，主要途径之一，是应该多读书、读好书。读，才知道自己的不足，才知道什么是生活、理想、人格。在这个缺乏“英雄”概念的时代，如果拥有一些崇高思想与情感的范本，就会发现人类文明历史长河的潮流突然变得生机蓬勃。哲学家桑塔耶那说：“不能记起过去的人，便注定要重蹈覆辙。”

二

人生是短暂的。怎样读书？

读书是一次伟大的精神冒险。人类的文化是辉煌的、崇高的、博大的。它是整体，是源与流的统一，任何肢解历史文化的统一性都是偏见。因此，读书既要历史地、辩证地、系统地读，又要选择地、批判地、借鉴地读。在开始人生的冒险旅程之前，重要的是选择旅行的方式。如果只是呆板地、单纯地、走马观花地读，那就未免太浪费时间和金钱了。当然，其中包含相当丰富的知识，众多的名人与数百个判断。但这绝不是读书的真正意图。惠特曼说：“读书是最崇高意义中的锻炼，就像体操家一样，需经过一再的奋斗。只有在这种状况下，你才需要书本，书本才会给东西。如果读书是在半睡眠状态下进行，它是不会给你什么的。”除了读无聊的文章与新闻，阅读并非是被动的，而应该是最有力的生活方式之一。好的书籍，就像健全的运动一样，可以获得精神运动过后的爽适疲劳感。

另一方面，读书绝对不可抱着向老师交作业的心理，也不要意图吸尽其中所含的意义。我们只要能抓住孔子、柏拉图给我们的十分之一，就可算死而无憾了。即使跟这些著作只是表面上的熟识，说实话，也比百分之九十九的大学毕业生渊博多识。但是，对一生的读书计划而言，这不是一个至关紧要的问题，因为读书不是为了跟别人较量，而是为使自己丰润华美；不是为读书而消闲时光，而是为汲取精神的食粮而后更多地付诸实践。

书可以闲暇时读，也可以长期读；可以随意浏览，也可以细心品味。它的价值不会随时尚变化而变化，可以长久受用，但不是装潢和点缀。读书可以使人宁静、致远、慰藉、鼓舞和启迪，这一点，我们毫不怀疑。

三

人要向真理和智慧靠拢。究竟读什么书?

书有优劣之分，也有新旧之分。一般来说，所谓好书，大都是旧书。为什么这样说？因为是事实，有目共睹。《红楼梦》、《三国演义》是旧书，《史记》、《资治通鉴》是旧书，《战争与和平》、《红与黑》是旧书，《神曲》、《浮士德》是旧书，《阿Q正传》是旧书，《忏悔录》是旧书，如此等等的旧书，早已超越时代的限制，具有永恒的魅力，可以百看不厌。驰名世界的学术中心"芝加哥大学社会思想委员会"开列的书单，清一色是旧书，如《论语》、《庄子》、莎士比亚的四大悲剧、柏拉图的《理想国》、亚里士多德的《形而上学》，等等；美国著名学者费迪曼教授撰写的《一生的读书计划》中推荐的书目，也全部是旧书，如荷马的《伊里亚特》、莫里哀的《戏剧选集》、菲尔丁的《汤姆·琼斯》、海明威的短篇小说集等，但同时又是第一流的大书。如此看来，人应该读什么样的书，几乎可以一目了然。

所谓"最好的书"，并非绝对意义上的"最好"。因为事实上根本没有所谓"最好的书"。我们所能说的只是，西方三千年的历史已逐渐蓄积了一批具有"独创性的信息"，中国文化源远流长，上自先秦，经魏晋、唐宋至明清，一脉相承，各放异彩。人类的经验是相通的。古人遇到的问题，今人同样会遇到。古人在坎坷中依然超脱、坚定、自如的智慧和境界，难道不可以使在商场官场名利场中失利失宠的现代人警戒吗？

好书不会沉默。花在好书上的金钱和时间不会令人觉得是无谓的浪费。除了自己受益，即使对子孙后代也是益处无穷的。买了好书，就像看到自己五千年的过去已整整齐齐地排在书架上。请别让过去停在那儿，让它成为人生中的一部分吧！

「旧京天桥八大怪·大金牙拉洋片」 马海方

论领导

一

领导是职业政治家。换言之，领导是以政治为职业的专家。

政治就是影响力。毛主席说过，政治就是把拥护我们的人搞得多多的，把反对我们的人搞得少少的。这个“多多的”或“少少的”靠谁来搞呢？就是靠领导。

领导的职业本质就是权力。权力不等于影响力。但权力可以施加影响力。霍斯说，权力是对他人施加影响的能力。未来学家玛格丽特说，组织中的权力是由关系产生出的能力。政治学家马基雅维利在他的《君主论》中坦言，“被畏惧远比被热爱好得多”。一个人怎么样运用权力，而这种权力怎么样能够给人施加影响，从而改变目标行动者的态度、价值观、信念和行为，并使之成为持续的追随者，这是领导者的职业素养。

领导是政治专家。这种专家在特定领域里具有扎实基础和精湛技能，具有权威的话语权，对特定问题具有超过常人的理解和认识，并且具备把这种认识运用到实践中的能力。不仅如此，这种专家还具有某种闪光的品质。这种品质包括为人处世的道德准则，为政亲民的理想信念，危急时刻的当机立断，困难面前的坚忍不拔，对善人的同情和宽容，对恶人的愤怒和勇敢。这种品质的闪光点是人本身的素质和魅力。这种素质和魅力可以产生巨大的影响力。

领导是为政治服务的。政治必须识时务，顾大局，懂规矩。这是领导者的第一要务。

二

领导需要领导力。有领导力才有影响力。

领导力是领导的核心。这个“力”不是一种简单的能力，而是一种综合的力量。这种力量来自两大源泉：一是领导者的思维范式，也就是领导者思维习惯所形成的思维定式。思维决定思想，思想决定思路，思路决定出路；二是领导者的语言识别，也就是领导者的语言表达方式。语言是思维的外化，是思想的工具。最简单、最通俗、最有用的语言所产生的影响力是最大的。

领导力的核心是对他人产生一种持续的影响力。它的持续源于领导者的特质。这种特质至少包括以下方面：

第一，领导者必须有眼光。眼光就是高瞻远瞩，就是看问题的高度、宽度和深度。高度决定影响力，宽度决定领悟力，深度决定穿透力。这些“度”和“力”源自学习力。学习力源自读好书，交高人，见世面。

第二，领导者必须有思想。影响力的第一源泉是领导的思想特质。领导是思想家。这里所说的思想家是指那些具有自己独特的思维模式和哲学理念，对复杂问题有独到判断，对深刻问题有独立见解，并具有完备价值体系的人。这种人的价值观的最终结果就是把思想变为理想。

第三，领导者必须有智慧。智慧是一个人潜藏心中的力量。智者说，读万卷书不如行千里路，行千里路不如阅人无数，阅人无数不如高人指路，高人指路不如自己感悟。归根到底，智慧就是一种悟。

第四，领导者必须有持续的敬业精神。敬业是一种德。

德是一种精神。这种精神包括三个层面的内涵：一是忠诚度，二是责任感，三是执行力。这三者缺一不可，而且必须是延续的、不间断的、持之以恒的。

第五，领导者必须有情有义。情义是一种感召力，这种感召力希腊人称之为神。感召力是神的魔力。感召不是强迫，也不依赖物质的东西。它是凭借人自身品格所产生的一种魅力。牧师说，影响力的本质不在于你的地位，不在于你的言行，而在于你是一个怎样的人。

三

一把手是具有最高权力的领导。尽管这个最高是相对的，但权力却是绝对的。

一把手关键在“手”。这个“手”就是权力。什么权抓而不放，什么权放而不抓，这个问题是一把手的首要问题。智慧的领导该抓的决不手软，该放的决不侥幸；糊涂的领导该抓的不抓，该放的不放；愚蠢的领导则一手抓官，一手抓财，最终把自己送进了“棺材”。

一把手核心在“把”。这个“把”就是一要把握方向，二要把控全局。把握方向就是举什么旗，走什么路，举谁的旗，走谁的路；把控全局就是怎样管而不死，怎样放而不乱，怎样稳中求定，怎样有惊无险。把握是领导的眼光，控制是领导的智慧。

一把手根本在“一”。这个“一”就是干一件事。这一件事就是谋篇布局。干成一件事靠的不是哪一个人，而是靠格局。一个好的格局是靠谋篇来实现的。篇是纲，是大思路，是大文章。做好这篇大文章靠的是一把手的谋划、规划和策划，这是一把手的天职。

一把手不等于一把抓。一把手必须抓政治，抓大局，抓关键。一把抓则抓权、抓官、抓钱，能抓什么抓什么。抓来抓去的结局往往是葬送了自己：一是送进医院，累死了；二是送进法院，腐败死了。

一把手最重要的工作是团结。团结是大局，团结是责任，团结是文化，团结是境界，团结是妥协。团结能人做大事，团结好人办实事，团结坏人不坏事。团结的班子是一把手的本事，不团结的班子是一把手的无能。讲团结，两全其美；不讲团结，两败俱伤。

一把手必须学会团结。团结是最大的政治。

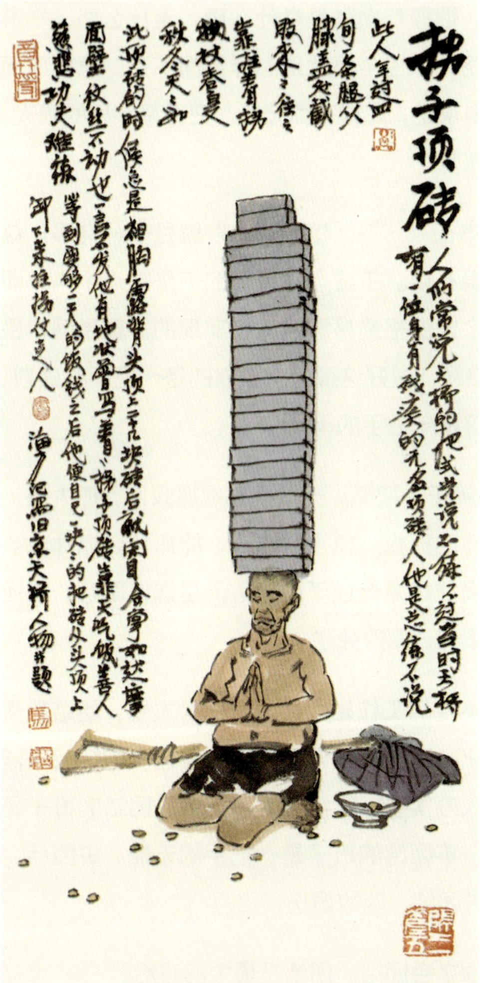

「旧京天桥八大怪·拐子顶砖」 马海方

论创业

一

追求财富、成功和幸福，不但是人类天生不可剥夺的权利，而且是与生俱来不得放弃的责任和义务。

生而贫穷并无过错，死而贫穷才是遗憾。尤其对创业者，无力消除贫穷创造财富，更是不可宽恕的。贫穷是一种痼疾，如果不是由于懒惰，就是由于无知，最坏的莫过于两者皆具。

人与人之间的差别是有的。但决定性的不是智力的、知识的或经验的差别，而是敢与不敢、干与不干、勤奋与不勤奋的差别。别人敢想的事，我却不敢想；别人干了，我却没有干；别人勤奋干，我却不勤奋。这就是差别。这就是别人成功而我却没有成功的真正原因。

财富是我们心智和劳力的结晶。真正的财富是内在的精神财富。人的知识不如人的智力，人的智力不如人的素质，人的素质不如人的觉悟。人的觉悟是通过竞争练就的。所以说，人脑就是财富，智慧就是财富，创造就是财富。一个人的价值，取决于他的感情、思想和行为对增进人类利益有多大作用。

二

决定一个人命运的有三件事：一是投胎；二是从师；三是入行。投胎就是你出生在谁家。这是决定一个人命运的头等大事，但却不是以人的意志为转移的。从师，就是跟什么样的师傅学什么样的手艺。名师出高徒，强将手下无弱兵，就是这个道理。入行就是创业。创业则完全是由自己自主、自愿和自由选择的职业。只要你踏入创业的大门，你就有充分的权利选择自己最有把握的命运。你的才力决定你的财力。

美国亿万富翁鲍洛奇以他亲身的体会告诫想致富的人们：你不能靠工资致富，工资不会使你真正富有。你可能靠工资安全地生活，但如果你想成为富翁，你必须退出靠工资生活的世界，步入一个高度危险的世界。

创业的世界不是整齐、有序、线形和可预测的，而是动态、流动、模糊和混沌的。创业需要周全的考虑、准备和计划，但它又是一件无法计划的事情。有时看似没有潜力或潜力很小的机会可能会是一个很大的商机；有时为了赚钱，首先你得赔钱；有时为了创造财富，必须先放弃财富；有时为了成功，一个人必须先经历失败。

更重要的是，没有任何事情像创业那样严酷地考验着人的意志、耐心、自律和自制。成功的创业者都有坚定的信念、执著的毅力、强烈的责任感和乐观主义精神。他们会看到半个杯子是满的，而不是看到半个杯子是空的。竞争的欲望令他们的激情燃烧，使他们善于应变、思维敏捷，足智多谋和富有创造力。他们把失败当成学习工具，并将其想象力、动机、承诺、激情、执著、正直、团队合作与洞察力注入其中。在面临两难抉择时，即使有一些不确定因素，甚至有相反意见，也能够当机立断。他们能预测风险，小心翼翼。他们不会故意承担更多的风险，也不会承担不必要的风险，当风险不可避免时，更不会胆怯地退缩。

在创业的世界里，随处可见强者的拼搏精神，却很难找到懦弱者所寻求的安稳。创业从不为无能者提供免费的午餐。创业是热情的战斗，勤奋的工作，伟大的冒险，是征服自我和自我激励的人生体验。无论是极大的成功还是痛苦的失败，它们都是创造性的。危机感和紧迫感总是时刻伴随着创业者。

人，只有具备初恋般的热情和宗教般的意志，事业才能成功。

三

任何一个人，尤其是一个有抱负的人，都曾有过许多的理想、幻想、梦想，甚至妄想。这些玫瑰色的光环大都随时间的流逝和环境的变迁而消散得无影无踪。但是，当一个人在某个方面具备了某些实现其雄心抱负的条件，这种理想就会变成一股成就事业的巨大推动力。

创业者往往是一群人。每个人潜在的切身利益激发的那种强烈的共命运感使他们凝聚成一个团队。这个团队为创业者带来金钱、友谊、责任、承诺和智慧。他们因通力合作而获得成功，他们因获得成功和超越竞争对手而显得生机盎然。由于他们的成功，他们可能变得有钱、有权力、有影响，但这些只是创业过程的副产品，而不是隐藏其后的真正驱动力。

创业者不是天生的。即使创业者天生就具备特定的才智、创造力和充沛的精力，这些品质本身也不过是未被塑形的泥巴和未经涂抹的画布。一个成熟的创业者，应该学会将所有的天智和学识，构造成最适合自己运作的助推器，将自己不断推向更高的层次。创业使你摒弃平庸、世俗、陈腐、墨守成规的观念，获取一种全新的创造性的人生品味。创业挖掘你获得期望、目标和成功的潜能，为有志者提供施展才华的一片蔚蓝天空。创业为你创造自我生存、自我奋斗、自我发展的条件，培养你潇洒处世、胜人一筹、追求卓越的风度，成就你完善人格、实现自我、建功立业的梦想。创业与你携手共创卓越人生。

一个真正的创业者，将拥有独立的思想、独立的人格、独立的价值和相对独立的事业。

「旧京天桥八大怪・常傻子气功开石」 马海方

论老板

一

老板有大老板与小老板之分，真老板与假老板之分，优秀的老板与平庸的老板之分。大老板重在眼光，小老板重在利益；真老板深藏不露，假老板喜欢作“秀”；优秀的老板修炼人性，平庸的老板谋划金钱。大老板、真老板和优秀的老板是经营出来的。老板的经营者是老板自己。

老板经营的一是眼光，二是人性。眼光是胆略。胆略是明知山有虎，偏向虎山行；眼光是战略。战略不是我应该干什么，而是我能够干什么；眼光是创新。创新是对别人看不到的潜在机会具有极度的敏感和兴奋，是在没有路的地方开出路来。做老板，眼光是第一位的。而人性对老板则是更重要的。人性是人的品德，是人的信誉，是人格的力量，是人生价值的浓缩。人性与权势无缘。权势可以使人畏惧，但不能使人敬仰；人性与金钱无关。金钱可以使人富有，但不能使人高尚。一个人在走向成功，获取荣誉时，人性就是胜利之源；一个人在面对挫折，死亡威胁时，人性就是生命本身。

经营老板是一种人生享受，同时也是一种相当艰难的工作。老板的经营者既要付出勇气、风险、艰辛乃至失败的代价，又需经受困难、挫折、孤独乃至忍辱负重的洗礼。老板是一个思想者。他需要创造自我和提升自我，需要自我征服和自我激励，甚至需要脱光衣服、赤身裸体地思索：我究竟该穿什么样的衣服。老板是一个冒险家。有时他必须过独木桥，有时他必须自己搭一座桥，更多的时候，他必须独自沿着河岸往前走，去高山峻岭之中发现河岸的最狭窄处，然后实现“惊险的一跳”。老板是一个火车头。火车在前行中要不断地爬坡、过桥、钻洞、越岭，或许某一站会下很多人，甚至留下一个空车。但火车不能因此而停止，必须勇往直前。只要向前开，就一定能到达目的地。

一位哲人说，许多人是在磨难后，才开始他的新生。而老板的磨难和新生，则是从经营自己开始的。

二

做老板先做人。毛主席说："做一个高尚的人，一个纯粹的人，一个有道德的人，一个脱离了低级趣味的人，一个有益于人民的人"。做老板要做一个头脑清醒的人，一个明智的人，一个有创造性的人，一个脱离书生气的人，一个沉住气、放得开、能忍让、善斗争的人。

老板是一个富有挑战性的职业。做大事需要霸气，做中事需要儒气，做小事需要匪气。老板是一个不能退后的职业。大海无边，回头无岸。向前走悬崖峭壁，回头看万丈深渊，如果不奋力拼博，将死无葬身之地。老板是一个勇于创新的职业。老板要学会修复自己"木桶"中最短的一块木板，更要善于利用自己"木桶"中最长的一块木板去整合"木桶"以外更长的木板，直至形成一个"新木桶"。小老板图身前之物，中老板图身后之物，大老板图身外之物。小老板做事，中老板做市，大老板做势。

对老板来说，有三种能力是不可或缺的。一是抗风险能力。老板面对的是市场，市场是不确定的。这种不确定性是经验概率无法应对的。老板时时刻刻生活在市场的不确定状态中。能否驾驭不确定性，能否对突发事件做出快速反应和有效控制，是衡量一个老板抗风险能力的重要标志；二是抗诱惑能力。事业一旦做大，老板便名利双收。名气越大，机会越多，诱惑也越多。诱惑多了，人就会变得浮躁，并且极易动摇自己的信念，改变自己预定的路线，甚至会做出错误的决策；三是抗成功能力。老板渴望成功。而成功者通常是与金钱、权力、名誉和虚荣联系在一起的。尽管创造的过程无比艰辛，而成功的结果却无比荣耀；尽管一切艰辛都是为了成功，但是，人生最大的幸福也许在于创造的过程，而不是那个结果。大老板、真老板、优秀的老板不仅能战胜失败，而且能抗拒诱惑，更能超越成功。

三

真正的老板是孤独的。

老板需要一种信念。这种信念是以事业为载体使财富动态增值的愿景、设想和胆略。老板终身以追求财富为天职，勇于创新，甘冒风险，善用总体战略解决重大问题，既有“才智”和“理性”，又有“直觉”和“情感”，更有强烈的事业心和社会责任感。一个成功的老板意味着超群的能力、胆识和品德，代表着财富、责任和荣誉，预示着希望、成功和辉煌。

老板需要一种精神。这种精神就是自找压力、自讨苦吃、自强不息。老板必须同贫穷、困难、痛苦、孤独乃至失败作斗争，更应当投入大量的精力不断地反省自我，改造自我，否定自我，超越自我。马克·吐温说，如果只有一个敌人，那就是自己。还不止于此。老板还需要思想与理论的滋养，需要品德与情操的陶冶，需要竞争与实践的磨炼，需要知识与信息的激荡，需要不断地获取新知识，拓展新视野，提升新技能，修炼新精神。

老板更需要境界，大老板需要大境界。大境界是从市场中悟出来的，不是作“秀”做出来的。一要学会“不懂”。除了懂当老板，应该什么都不懂。不要不懂装懂，即使真懂，也要“装不懂”。把懂的机会让给比你懂的人。这对人对己有百利而无一害；二要学会拒绝。你做不了、做不好的事千万别去做，即使黄金万两，也要拒之门外；三要学会沉默。大智若愚、大德若水、大巧若拙、大言无声、大象无形，不生气、不吭气、不服气，默默无语念真经；四要学会无欲。不迷恋、不贪求、不陶醉、不沉溺、不张狂。无欲则刚。这才是一个真老板的最高境界。

「旧京天桥八大怪·赛活驴」 马海方

论女人

一

女人最在乎自己的容貌。

美丽的女人容易被人喜爱，丑陋的女人容易被人忽视；美丽的女人容易骄傲，丑陋的女人容易自卑；美丽的女人容易外向，丑陋的女人容易内倾；美丽的女人成长是自然的，而丑陋的女人则多少有些病态。当然，这一切都不是绝对的。

人的容貌不是由自己决定的，但人的思想、修养和情操却是由自己决定的。人的容貌是外在的，但人的心灵、智慧和情感却是深邃的。美貌是女人的本钱，但如果与虚荣结合就变成了陷阱。女人的容貌并不能完全反映她的思想。一个思想独立、品行谦逊、胸襟开阔的女人，即使容貌平平，也不妨碍她成为一个高尚的人。

女人之美是自然的、清爽的、和谐的、浪漫的、深沉的、含蓄的、温馨的、潇洒的。文雅而不俗气，理智而不愚鲁，聪慧而不自傲，宽厚而不随便。亭亭玉立而不娇艳，妙趣横生而不妖媚，朗如明月而不争色，肃如松兰而不争宠，穆若大山而不夸饰，性若白云而不拘泥。即使默默无闻，她的美也能让人为之倾倒。

好女人完美纯正，温和如玉。古人云：玉，柔润而有光泽，好比女人的善良；坚实而有纹理，好比女人的智慧；坚毅而不弯曲，好比女人的人格；玉上的斑点和美丽同时表现出来，好比女人坦荡的情怀；敲击它，声音清脆响亮，停下时，声音戛然而止，好比女人独立的个性。好女人没有年龄界限。无论青春还是年老，也无论幼稚还是成熟，其性格、性情、性感，其修养、教养、涵养所折射出的魅力都让人无法抗拒。

女人就是女人。女人靠自己拯救自己。一个女人一生中最重要的有两件事：一是你究竟想要什么；二是你有没有能力得到你想要的东西。

二

男人是一面镜子。女人用它照自己，也照别的女人。

好女人需要男人的心，坏女人需要男人的钱。好女人控制自己，坏女人控制男人。好女人能激发男人的激情和智慧，坏女人会煽动男人的邪念和淫威。好女人会将男人扶上九天揽月，坏女人能将男人踢进万丈深渊。好女人懂得事与理，坏女人不分是与非。好女人的心灵是开放的，坏女人的心灵是阴暗的。好女人张扬人性，坏女人扭曲人格。好女人以美丽打动男人，坏女人凭色相勾引男人。好女人往往被男人利用，坏女人常常利用男人。有些女人虽然堕落了，但她的确是好女人；有些女人虽然成功了，但她却是坏女人。

好女人像大海，深邃而广阔，令人心旷神怡；坏女人像沼泽，污浊而肮脏，一不小心跌进去便不能自拔。好女人像蜡烛，从顶端燃烧到底部，一直都是光明的；坏女人像火柴，即使闪耀火花，也是稍纵即逝。好女人是一部好书，即使是一个小小的片断都会引起人的共鸣；坏女人是一坛烈酒，即使是小酒盅也能把人灌醉。好女人是一台变压器，她能兼容各种不同的电流并转化为统一的 220 伏，让任何电灯发亮；坏女人是一个无底洞，无论你投进什么样的东西，都将有去无回。好女人风流，坏女人下流。好女人高尚，坏女人卑贱。好女人勤奋，坏女人懒惰。好女人反省自己，坏女人解剖别人。好女人时刻铭记自己是一个女人，坏女人常常觉得自己是不是女人无所谓。

和好女人相伴，能善待生活，升华生命，使人变得更美；与坏女人为伍，会降低人格，无聊空虚，让人虚度年华。好女人有时也干坏事，但人们却不会把她当成坏女人；坏女人有时也干好事，但人们总觉得她不安好心。其实，人没有绝对的好与坏，一切都是相对的和因人而异的，包括人的偏见。

三

女强人是一把锋利的匕首。很多人远离刀尖，很少人掌握刀柄。

女强人是女人中的佼佼者。她的容貌是美丽的、个性是独立的、信仰是坚定的、人格是斩钉截铁的。女强人勤奋、进取、向上，没有依附，坚忍不拔，可以承受男人一样的压力，可以压抑内心深处的脆弱，心灵中潜伏着热情与激进，命运中预示着成功与辉煌。女强人是最美的女人。她有个性美、气质美、自信美、坚毅美、成熟美、孤独美，战胜自我之美，超越性别之美，每个年龄段都有不同的美。这种美是清澈的、闪光的，同时又是凝重的、寒冷的。

女强人常常被男人剥夺了女人特有的温柔。把她们当成一个孤独的思想者，一个灵魂的失落者，甚至把她们当成激进的女权主义的先驱。女强人是特别的。女强人有比一般女人更大的幸福。这种幸福是在自己努力之后获得成功的愉悦和自我价值的表述。女强人也有比一般女人更深刻的苦痛。这种苦痛暗藏着一种成功之后的空虚和孤独，一种面对性别的强烈挣扎。女强人常常安慰自己说："我爱我的性别，但我的性别不爱我。"

女强人比男人具有更卓越的能力。但女强人毕竟是女人。女强人比一般女人更敏感、更细腻、更女人，更需要体贴、理解和呵护。女强人渴望男人的宠爱，更渴望男人的征服。每个女强人的身上都隐藏着原子能，只是很少有人能够点燃它；每个女强人都是一座金矿，只是很少有人去开采它；每个女强人都是一颗太阳，只是很少有人让它发光。女强人的情感是丰富的、狂热的、强烈的，像一座即将爆发的火山，男人只要敢于攀登，便能体验无限风光。然而，男人总是手握猎枪对天空鸣，无法成为真正的英雄。美的驱动力短暂持续之后，最终在火山的汹涌澎湃中发出热浪冷却的悲音，而这种结局也是女强人的结局。

女人需要解放自己。女强人更需要解放自己。

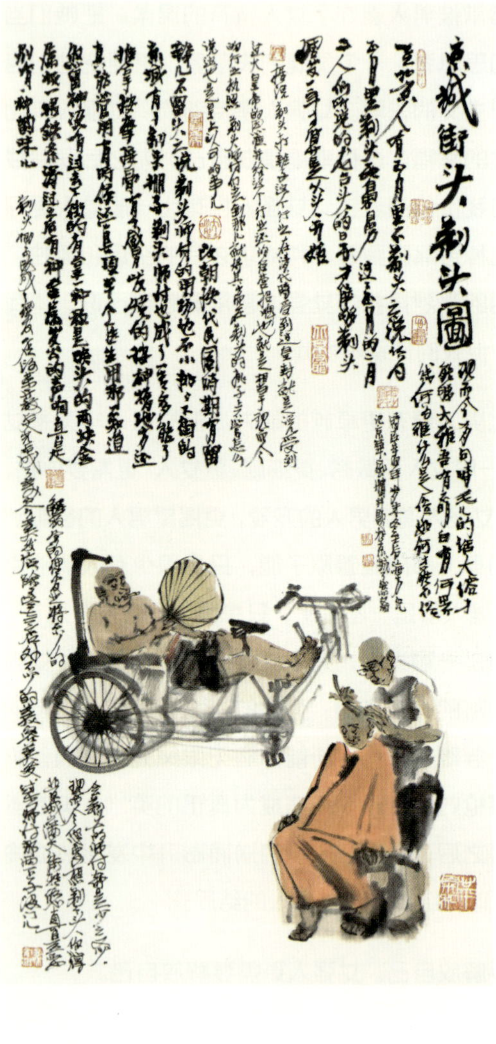

「京城街头剃头图」 马海方

论婚姻

一

爱情是一种生活。婚姻是一种生活方式。选择婚姻就是选择一种生活方式。

爱情是纯粹的，激情的，甜蜜的，春风得意的，轰轰烈烈的；婚姻是平淡的，琐碎的，现实的，自然而然的，点点滴滴的。爱情需要欣赏、信任、真诚，需要拥抱并亲密无间；婚姻需要包容、责任、奉献，需要保持距离并留有空间。爱情追逐浪漫和疯狂；婚姻渴望稳固与和谐。爱情忌讳空虚和无聊；婚姻拒绝谎言和虚伪。沉溺于爱情的人需要回归一点理性；陶醉于婚姻的人需要保留一份超脱。爱情有时能将弱小变成强大，婚姻有时会把坚强变成脆弱。爱情有时也很孤独，在孤独中却能享受一份回味；婚姻有时也很忙碌，在忙碌后却毫无收获。爱情也会沉默，但沉默中常常蕴藏一种震撼；婚姻也会喧嚣，但喧嚣后往往变为一种悲壮。

爱情是催化剂，它会使梦幻更梦幻；婚姻是清醒剂，它会让现实更现实。爱情是一朵玫瑰花，她需要情趣的滋养，才能香醇浓郁；婚姻是一棵银杏树，她需要时间的浇灌，方能枝繁叶茂。爱情是一只百宝箱，你需要什么，你就可以得到什么；婚姻是一个空盒子，你想从中拿到什么，你就得先放进去什么。

拥有爱情的婚姻是幸福的，但幸福的方式不尽相同。没有爱情的婚姻是不幸的，不幸的时间则有短有长。

二

男人是风筝，女人是线。

风筝总是会飞的。飞得越高，越能焕发男人的风采和智慧；飞得越远，越能彰显女人的品格和魅力。风筝飞得再高再远，线都要永远攥在女人手中。智慧的男人总是选择风和日丽的日子放飞自己，聪明的女人总会在狂风暴雨来临之前将它收回。不会飞的风筝是男人的耻辱，断了线的风筝是女人的愚蠢。

女人喜欢出色的男人。出色的男人是自信的、深刻的、悟性的和品位的；男人喜欢本色的女人。本色的女人是快乐的、浪漫的、灵性的和品味的。女人喜欢刚毅的男人，男人喜欢美貌的女人；女人喜欢厚道的男人，男人喜欢聪慧的女人；女人喜欢勤奋的男人，男人喜欢节俭的女人；女人喜欢执著的男人，男人喜欢忠贞的女人；女人喜欢用心的男人，男人喜欢贴心的女人。

男人喜欢和漂亮女人握手，和智慧女人谈心；女人喜欢和实力男人交往，和成功男人合作。女人不喜欢男人太小气，男人不喜欢女人太贪心。男人喜欢女人，过程先于结果，过程本身就是结果；女人喜欢男人，结果大于过程，没有结果不要过程。当然，这一切都不是绝对的。

三

中国人热衷过情人节，却不肯接受情人。其实，这是表象的。

情人像美丽的西湖，没有人不喜欢。凡是对生活有理想、有追求、有品位、有境界的人，无不热衷于此。只不过热衷的程度和方式不同而已。有的人把情人存续于婚姻之中，这使婚姻变得更激情、更甜蜜、更美满；有的人让情人游离于婚姻之外，以此来弥补婚姻的不足或爱情的缺失，或者为婚姻和爱情锦上添花。当然，也有人把情人当成一种游戏或交易，这是对情人的亵渎。情人是无辜的。我们往往习惯于把男人“出轨”、女人“出墙”的错误归咎于情人，或者把情人任意“妖魔化”甚至当成反面的“政治教材”，这更是一种无知、偏见和误解。

情人是高尚的。这种高尚是一种美。她的美不止于情感，更源自精神；不止于权利，更关注责任；不止于共识，更追求共鸣；不止于身心交融，更渴望升华灵魂。情人是一种生命活力，这种活力让生命之树多姿多彩；情人是一种生活动力，这种动力让生活之花常开不败。情人也是一把双刃剑。她使强者更强，弱者更弱，暴者更暴，柔者更柔，智者更智，愚者更愚。情人与情人各不相同。有人滔滔不绝，有人含而不露，有人喜欢台前，有人甘居幕后。真正的情人始终如一让力量潜藏心中。男人把情人当生活，女人把情人当生命。真情人是一种情调，假情人则是一种调情。

愿天下眷属终成情人!

「旧京街头小吃图」 马海方

普鲁斯特问卷的前思后想

普鲁斯特问卷是对人的思维测验。

每一个人的命运是不同的。思维决定观念，观念决定行为，行为决定习惯，习惯决定性格，性格决定命运。

普鲁斯特问卷曾是法国高层沙龙中的流行游戏。问卷的一系列问答反映了被提问者的态度、思想、价值观和人生经验，也折射出人的不同命运。这个问卷经《追忆似水年华》作者普鲁斯特（Marcel proust，1871–1922）13 岁和 20 岁的两次回答后，因为他特别的答案而使问卷名声大噪。

下面是我模拟普鲁斯特问卷的提问而做的答卷，是我在 2009 年 5 月 8 日中午利用休息时间试答的。答题时间为 45 分钟。按照 40 岁前和 40 岁后两个时段和心境下的不同想法做答。

问：您认为最理想的快乐是什么？
答：40 岁前：出人头地；
　　40 岁后：无忧少虑，不要太累，会吃能睡。

问：您进取创新的精神动力是什么？
答：40 岁前：生存的压力；
　　40 岁后：生活的追求。

问：您最害怕的是什么？
答：40 岁前：别人不把自己当回事；
　　40 岁后：自己太把自己当回事。

问：还在世或过世的人当中您最钦佩的是谁？
答：40 岁前：王　石（过世的是曾国藩）；
　　40 岁后：季羡林（过世的是李叔同）。

问：什么错误让您觉得最悔恨？

答：40 岁前：华而不实，哗众取宠；

40 岁后：决策的失误。

问：您最不喜欢别人什么特点？

答：40 岁前：欺软怕硬；

40 岁后：装腔作势。

问：您自己认为自己的哪一种美德被别人过高估计了？

答：40 岁前：理想；

40 岁后：责任。

问：您对自己外表的哪一点最不满意？

答：40 岁前：太矮，总低别人一头；

40 岁后：太土，总没别人派头。

问：您使用最多的词汇是什么？

答：40 岁前：更小，更薄，更低；

40 岁后：低头，埋头，不出头。

问：何时是您生命中最快乐的时刻？

答：40 岁前：老婆的处女作：女儿出生之时；

40 岁后：女儿的处女作：诗集《一树花蕾》出版和获奖之时。

问：您最珍惜的财产是什么？
答：40 岁前：值钱的东西；
40 岁后：值得记忆的东西。

问：您最看重朋友的什么特点？
答：40 岁前：出色；
40 岁后：本色。

问：您希望以什么样的方式死去？
答：40 岁前：怕死，不想死，没想到过死；
40 岁后：不以非正常方式死去。

问：您的座右铭是什么？
答：40 岁前：有理想，有道德，有文化，有纪律；
40 岁后：有饭吃，有钱花，有事干，有奔头。

问：您觉得最奢侈的是什么？
答：40 岁前：花很多钱吃一顿饭；
40 岁后：花很多时间吃一顿饭。

问：您经历过最伤痛的事情是什么？
答：40 岁前：忘了；
40 岁后：好像还没有。

问：您这一生中最爱的人或者东西是什么？
答：40 岁前：新人新书新事物；

40岁后：旧人旧书旧事物。

问：您最希望拥有哪种才能？

答：40岁前：一口流利标准的外国语；

40岁后：一口让人听懂的中国话。

问：您目前的心境怎么样？

答：40岁前：满腔热血，一股闯劲，吃苦耐劳，苦中有乐；

40岁后：比韬光养晦现实些，比得过且过充实些。

问：您认为自己最伟大的成就是什么？

答：40岁前：自食其力；

40岁后：自食其力。

问：您现在最大的心愿是什么？

答：40岁前：读好书，交高人，见世面；

40岁后：平常心，平凡人，平安一生。

问：您最喜欢什么？

答：40岁前：创新；

40岁后：平淡。

问：您最喜欢什么样的员工？

答：40岁前：信得过，靠得住，素质高，有本事；

40 岁后：少说多做，听懂会干，用心尽力，大公无私。

问：您最欣赏什么样的员工？
答：40 岁前：有用，可用，好用，管用；
40 岁后：贴心，用心，细心，耐心。

问：您本身最显著的特点是什么？
答：40 岁前：工作狂；
40 岁后：执著或固执。

问：您会开除什么样的员工？
答：40 岁前：没本事又不省事的人；
40 岁后：不想开除任何人。

问：您认为自己最大的才能是什么？
答：40 岁前：勤，俭，廉；
40 岁后：容，忍，熬。

问：最希望别人把您定义成什么？
答：40 岁前：受人尊重的有学问的人；
40 岁后：不被人忽略的普通男人。

问：您如何处理事业与家庭的关系？
答：40 岁前：家庭红旗不倒，事业彩旗飘飘；
40 岁后：少干事，早回家。

问：您希望给自己的后代留下什么？

答：40 岁前：一点事业或家业；

40 岁后：一个名字或符号。

问：您对年轻人有哪些忠告？

答：40 岁前：自找压力，自讨苦吃，自强不息；

40 岁后：多示好，少示强，适时示弱。

「天桥旧景·赛活驴图」马海方

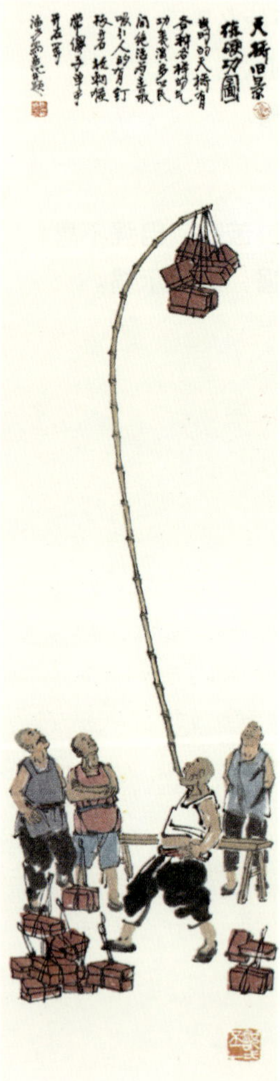

「天桥旧景·练硬功图」马海方

下海者的悟

这篇“问答式”的《下海者的悟》是我2002年写下的。当时发表于我的另一个小册子《躁动的奶酪》之中。尽管我的“奶酪”算跟风之作，但业界仍誉为全球第一畅销书《谁动了我的奶酪》之第三部曲。很多年过去了，畅销书已失去当年的风光，但这些“问”与“答”却一直激励着我。这种激励不在于它的答案，而在于它的问题。就像《普鲁斯特问卷的前思后想》一样，问题本身就是答案。它会启迪我们对生活更多更深的思考。

虽然时过境迁，也不论偏爱偏见，为保留当时的心境，对所有问题与答案未作任何改动，还是原汁原味奉献给读者，并期待读者按照当下的思维重新审视！

关于做人与做事

问：你做人的基本态度是什么？

答：自信不自大；谦虚不空虚；知足不满足；风流不下流。

问：你认为年轻人应该怎样表现自己？

答：锋芒半露。

问：你对“不拘小节”怎么看？

答：既然“不可随处小便”，那么就“小处不可随便”。

问：你认为年轻人走向成功的捷径是什么？

答：读好书，交高人，见世面。

问：你认为年轻人不能成功的误区是什么？

答：急功近利，急于求成，急躁冒进。

问：你人生的信念是什么？

答：小嗓门使劲喊，小矮人使劲长，小丑儿使劲美。

问：如果有人当面赞美你，你认为是奉承吗？

答：善于接受他人赞美是一种做人的艺术。

问：当听到别人在背后说你的坏话时，你是什么态度？

答：左耳朵进，右耳朵出。

问：你认为怎样和别人谈话是最得体的？

答：少说，多听，妙问。

问：你对自由怎么看？

答：卢梭说：“人是生而自由的，但却无处不在枷锁中。”

问：你对金钱怎么看？

答：只有向钱看，才能向前看。做金钱的主人，不做金钱的奴隶。

问：你对幸福怎么理解？

答：幸福就是追求。

问：你对痛苦怎么理解？

答：无所事事。

问：你有痛苦和烦恼吗？

答：越有追求的人，烦恼和痛苦越多。

问：你认为谣言可怕吗？

答：一位诗人说：“人生七尺躯，谨防三寸舌，舌上生龙泉，杀人不见血。”

问：你如何对待流言蜚语？

答：君子坦荡荡，小人常戚戚。最好的回答是无言的蔑视。

问：你怎样看待环境？

答：同时面对最大的痛苦和最高的希望。

问：你认为什么是人生的最高境界？

答：创造价值。歌德说："你若爱自己的价值，你就得为世界创造价值。"

问：你认为什么是美？

答：内外和谐。

问：你认为什么是丑？

答：表里不一。

问：你怎样理解人？

答：人是从猿进化过来的，他必然带有猿性。但是，人不是命中注定要和猿一样的。他有思想，他的思想能改变他的命运。

问：你怎样理解人生的选择？

答：我读过尼采一首诗："谁不能随风起舞 / 谁就必定被绷带缠住 / 不得动弹，又老又残。/ 谁是平庸的伪善者 / 名誉的蠢物，道德的笨鹅 / 谁就滚出我们的乐园。"

问：你认为青年应该有怎样的责任感和使命感?

答：我读过一首诗《中国潮之夜》，写道：

世界是那样狭小，
地球是那样拥挤，
也许有那么一天，
它会开除某些国家的“球籍”，
起来，不愿意落后的人们，
拉紧世纪的纤绳，
我们这一代人的肩头，
横担着两个世纪。

问：你怎样理解少年、中年和老年?

答：少年为真，中年为善，老年为美。朱熹说得好：“少年处不得顺境，中年处不得闲境，老年处不得逆境。”

问：你认为“活到老，学到老”有必要吗?

答：哲人说：“少年而学，及壮有为；壮年而学，及老不衰；老年而学，及死不朽。”

问：你喜欢老年人还是年轻人?

答：我喜欢老年人，因为他们成熟。成熟是事业成功的捷径；我更喜欢年轻人，因为他们不成熟。不成熟恰恰是创造优势。

问：你最大的人生追求是什么?

答：我要从南走到北，
我还要从白走到黑，
我要人们都看到我，
但不知道我是谁，
要爱上我你就别怕后悔，
总有一天我要远走高飞，
我不要留在一个地方，
也不想有人跟随。
这是崔健在《假行僧》中的唱词。

问：21 世纪我们究竟怎样做人？

答：诸葛亮的《诫子书》说：“夫君子之训：静以修身，俭以养德。非淡泊无以明志，非宁静无以致远。夫学须静也，才须学也。非学无以广才，非静无以成学。蹈慢则不能研精，险躁则不能理性。年与时驰，意与日去，遂成枯落，多不接世。悲守穷庐，将复何及！”

关于成功和失败

问：你认为创业必须有经历吗？

答：经历是人生中最好的老师，也是最昂贵的老师。

问：你认为机遇重要吗？

答：得不到机会，英雄便没有用武之地。

问：你认为人应该怎样把握机遇？

答：智者先识，勇者先达。机遇从来都偏爱有准备的头脑。

问：你认为一个人成功的先决条件是什么？

答：7 分勤奋＋ 2 分胆识＋ 1 分机遇

问：你认为只要奋斗就一定能成功吗？

答：有志者事竟成 / 破釜沉舟 / 百二秦关终归楚 / 苦心人天不负 / 卧薪尝胆 / 三千越军可吞吴。这是蒲松龄说的。

问：如果经过你的努力，但失败了，你怎么看？

答：恩格斯说："一次顽强的失败，总比一次轻易得来的胜利好得多。"

问：有人说，创业是一种冒险．如果你干的事业需要冒很大的危险，你还会干吗？

答：尽管第一个站起来的猴子会被打死，但我还是愿意先站起来。

问：你干事情给自己留退路吗？

答：江湖路，不回头。

问：你害怕危难吗？

答：俗语说，风能吹灭小火，也能煽起大火。置之死地而后生，投之亡地而后存。

问：你对竞争怎么看？

答：能者上，平者让，庸者下。

问：你认为在竞争中最大的对手是谁？

答：马克·吐温说："如果只有一个敌人，那就是自己。"

问：你认为一个强者精神上的标志是什么？

答：不卑不亢，能屈能伸。

问：你认为一个弱者精神上的标志是什么？

答：胆小怕事，无病呻吟。

问：你认为自己是千里马，但又找不到伯乐时，该怎么办？

答：毛遂自荐。

问：你创业最大的感受是什么？

答：满腔热血，一身悲愤，生活艰苦，苦中有乐。

问：你怎样看别人对一个失败者的嘲笑？

答：成功恰恰是属于那些敢于在嘲笑面前奋进的人。

问：你认为昨天、今天和明天哪个更重要？

答：昨天是一张过期支票，明天是一张预期支票，只有今天才是唯一拥有的现金。

问：你注重过程还是注重结果？

答：哲学家说："追求比占有更使人幸福；充满希望的旅行比到达目的地更好。"

问：你怎样面对失败？

答：失败对智者是一块垫脚石，对强者是一笔财富，对弱者是一个万丈深渊。

问：你认为为什么大多数人不能致富？

答：如果不是由于懒惰，就是由于无知，最坏的莫过于两者皆俱。

关于老板与人才

问：你认为老板最重要的是什么？

答：一是眼光，二是人性。

问：你认为老板应具有什么样的眼光？

答：在没有路的地方开出路来。

问：你认为老板应具有什么样的人性？

答：信仰、信念、信心、信誉、信任五者的统一。

问：你认为什么是信誉？

答：信誉是牺牲短期利益换取长远利益。

问：你认为大老板的标志是什么？
答：做大事有霸气，做中事有儒气，做小事有匪气。

问：你认为大老板与小老板的区别是什么？
答：小老板图身前之物，中老板图身后之物，大老板图身外之物。

问：你认为做老板必须具备哪些能力？
答：一是抗风险能力；二是抗诱惑能力；三是抗成功能力。

问：你认为老板应该怎样宣传自己？
答：做“势”不作“秀”。

问：你认为老板靠什么才能办好企业？
答：资本、成本、人本。

问：你怎样理解老板的得与失？
答：敢于失去才能得到。成功的老板都是敢裁敢断、敢得敢失、敢进敢退、敢胜敢败的人。

问：你认为老板怎样才有大家风度？
答：沉住气、放得开、能忍让、善斗争。

问：你喜欢什么样的老板？

答：一身正气，一身朝气，一身锐气。

问：你不喜欢什么样的老板？

答：马牛羊鸡式的人，就是拍马吹牛自己像小绵羊加投机（鸡）式的人。

问：你认为老板的德与才哪个重要？

答：对于有才华的人来说，如果道德败坏了，事业也必然会堕落。

问：你认为老板用什么吸引和留住人才？

答：金钱具有吸引力，事业具有凝聚力。

问：你认为老板对待人才的正确态度是什么？

答：容人之短，聚人所长。

问：你认为激励一定能调动人的工作积极性吗？

答：一个美国人说过："人是不愿意把生命卖给你的，但是他却愿意为了一条彩色绶带而把生命献给你。"

问：如果有人突然对你大声咆哮，你都不知道为什么的时候，你会怎么办？

答：耐心听，不发火，冷处理，热定型。

问：你认为顾客和员工哪个更重要？

答：员工是企业的中流砥柱，顾客是企业的衣食父母。有满意的员工才有满意的顾客。

问：你认为老板的领导方式是集权好还是民主好？
答：从集权主导过渡到民主主导。

问：你认为老板应当怎样培养人才？
答：饿时给一口，饱时给一斗。

问：你喜欢用人才还是用奴才？
答：人才有用不好用，奴才好用没有用。

问：你认为管理上是“宽”些好，还是“严”些好？
答：宽严结合，张弛有度。不审势者，宽严皆误。

问：你认为被老板炒鱿鱼的人就一定不优秀吗？
答：大浪淘沙也淘金。

关于男人和女人

问：你是如何理解“英雄难过美人关”的？

答：男人对女人之美的敏感并不是罪恶，不敢正视女人之美的男人是怯懦的。

问：你认为女人最在乎什么？
答：自己的容貌。

问：你怎样看待女人的美貌？

答：美貌是女人的本钱，但如果与虚荣结合就会变成陷阱。

问：你认为女人的魅力表现在哪些方面？

答：性格、性情、性感。

问：你认为哪个年龄阶段的女人最美？

答：好女人没有年龄界限。青春的幼稚美，年老的成熟美，都让人无法抗拒。

问：你认为女人一生中最重要的事是什么？

答：一个女人一生中最重要的有两件事：一是你究竟想要什么；二是你有没有能力得到你想要的东西。

问：你认为什么样的女人是好女人？什么样的女人是坏女人？

答：好女人懂得事与理，坏女人不分是与非。好女人的心灵是开放的，坏女人的心灵是阴暗的。

问：你怎样看待女强人？

答：女强人是一把锋利的匕首。女强人是最美的女人。

问：你认为女强人注重感情吗？

答：女强人的情感是丰富的、狂热的、强烈的。女强人渴望男人的宠爱，更渴望男人的征服。

问：你认为女人心目中的好男人是什么样的？

答：自信、深刻、负责、有智慧、有钱、积极而乐观。

问：你认为男人和女人谁更珍惜爱情？

答：史达尔夫人说："恋爱是女人一生的历史，却是男人一生中的插曲而已。"

问：你怎样理解初恋？

答：感情的迷信。

问：你怎样理解失恋？

答：感情的牺牲。

问：你怎样理解婚姻和家庭？

答：无限责任公司。

问：你怎样理解男女之间的爱？

答：彼此欣赏中包容对方的缺点；相互信任中提升各自的价值；从性的和谐走向性的完美；愿为共同的追求付出代价；能在收获的希望中同甘共苦。

问：你认为男人最常犯的错误是什么？

答：男人身边陷阱多。权力的陷阱、金钱的陷阱、女人的陷阱、虚荣的陷阱、成功的陷阱。一失足成千古恨。

问：你认为男人最优秀的品质是什么？
答：敢承担责任。

问：你喜欢什么样的男人？
答：敢想敢干，知行合一。

问：你不喜欢什么样的男人？
答：不思进取，光说不练。

问：你心目中的好男人是什么样的？
答：经受过痛苦和幸福的双重洗礼。

问：你认为女人最不能容忍男人的是什么？
答：喜新厌旧。

问：你认为男人最不能容忍女人的是什么？
答：把男人当自己的钱包。

问：你认为女人最希望自己的丈夫是什么样的？
答：出人头地。

问：你认为男人最希望自己的妻子是什么样的？
答：温顺贤淑。

问：你认为男人喜欢什么样的女人？
答：美丽的女人。

问：你认为女人喜欢什么样的男人？

答：刚毅的男人。

问：如果人生还可以做一次选择，你希望做男人还是做女人？

答：前半生做女人，后半生做男人。

问：你认为什么样的婚姻是最幸福的婚姻？

答：理想中的婚姻是最幸福的婚姻。

问：你认为什么样的家庭是最美满的家庭？

答：和睦的家庭是最美满的家庭。

问：你认为生几个孩子最合适？

答：“生儿不用多，了事一个足”。这是《全唐诗·续补遗》中说的。

问：如果你很有钱，你会把钱留给你的子女吗？

答：林则徐说：“如他及你，留之何用？如他不及你，留之又何用？”

问：你认为培养自己的孩子哪些能力最重要？

答：一是自立能力；二是判断能力。

问：你认为应该怎样教育孩子？

答：怪不得、急不得、等不得、松不得。

问：你认为父母和子女哪个更重要?

答：手心手背都是肉。

问：你认为父母和子女谁更关心谁?

答：古人云：儿行千里母担忧，母行千里儿不愁。

问：你认为什么是孝顺?

答：共同愿景的实现。

「乐在其中」 马海方

后记

应该说明写下这些文字的缘由。

从我识字开始，便与书打交道。先是读书，而后教书，再后编书。尤其是近几年，主编出版了很多书。如果主编的书也可算做著作的话，用“著作等身”来形容似乎并不夸大。然而，主编这些书并不是我个人的成果，也不完全代表我的观点，因为这是很多人共同智慧的结晶。在这些书中，我曾试图把个人的一些观点讲出来，但总觉得不合时宜，或者与该书风格不一，因此终未如愿。

为什么现在要把这些话或者个人的一些观点讲出来呢？原因大概有三：

一是梳理一下自己的生活思路。我说过，一个人对生活的认识需要30年的历程。从20岁到30岁，经过第一个10年，才能明白自己不该干什么，该干什么还不明白；从30岁到40岁，经过第二个10年，才能明白自己该干什么，怎么干还不明白；从40岁到50岁，经过第三个10年，也许才能真正明白自己不该干什么、该干什么和应该怎么干。我快到这个年龄了。因此，生活的思路需要重新梳理一下，找一找坐标，把一把定力。

二是表明一下自己的生活态度。我的生活不是孤立的，而是生活在一个团队中。在这个团队中，有和我共同的创业者，也有我的追随者。他们是我的伙伴、我的合作者、我的良师益友。我们有共同的愿景，也有共同的利益。对他们，我有必要重申我的生活态度。因为，在某种程度上，我的生活态度决定着这个团队的生死存亡，也会影响他们的前途和命运。

三是选择一下自己的生活方式。工作也是一种生活方式。这些年来，我身边的人越来越多，找我合作的人也越来越多，这似乎是好事，但并不是我的初衷。我向往简单的生活，但并不排斥合作。不论是什么样的合作或合作者，归根到底，是人与人的合作。选择合作就是选择共同的价值观。只有共同价值观的合作，才是默契的、可靠的、长久的和愉快的。我非常看重这一点。

实事求是地讲，这些文字并不是当下完成的。它是我十几年乃至更长时间的思考。它不是为了创作，而是时间的积淀、生活的感悟和激情的思辨，也有切肤之痛以及偏爱与偏见。这些文字中没有假话，当然也并不全是真话。因为，我不喜欢说假话，或者说，说假话对我没有多大意义了。而说真话则需要更大的勇气，还需要适当的时间和适当的场合。更何况，真话说多了，或者真话说的不合时宜，有些会伤及别人，或伤及自己。季羡林先生说，“假话全不说，真话不全说”大概就是这个理吧！

应该声明一点，把这些文章结集成册，是我对生活的一些感悟和心得。但是，文章毕竟不是生活。它源于生活，却又高于生活。在这个“高于”中，字里行间不免会有夸张、渲染或煽情的成分，希望读者去伪存真或不要过于较真，权作您茶余饭后的“作料”罢了。

最后，特别感谢多年来一直关心、支持和激励我的人，他们用真诚、厚爱和行动给予我生命的活力和生活的动力；还要感谢我的同事、朋友、合作者以及我的家人，他们把所有的成绩和荣耀给了我，而留给他们自己的是无私的奉献和默默无闻的创造；感谢著名画家马海方教授的精湛画作为本书增色，感谢孚思智库首席设计师胡凯先生担任本书的装帧设计总监，感谢当代中国出版社的社长及责任编辑对本书的厚爱和付出，感谢为本书的出版付出辛劳的所有人，正是他们的心血和智慧，赋予本书以文字美、装帧美、思想美和艺术美。所有这些都令我无比感动和感恩。在此，再次衷心地谢谢大家！

2009 年 6 月 6 日初稿
2013 年 5 月 8 日终稿